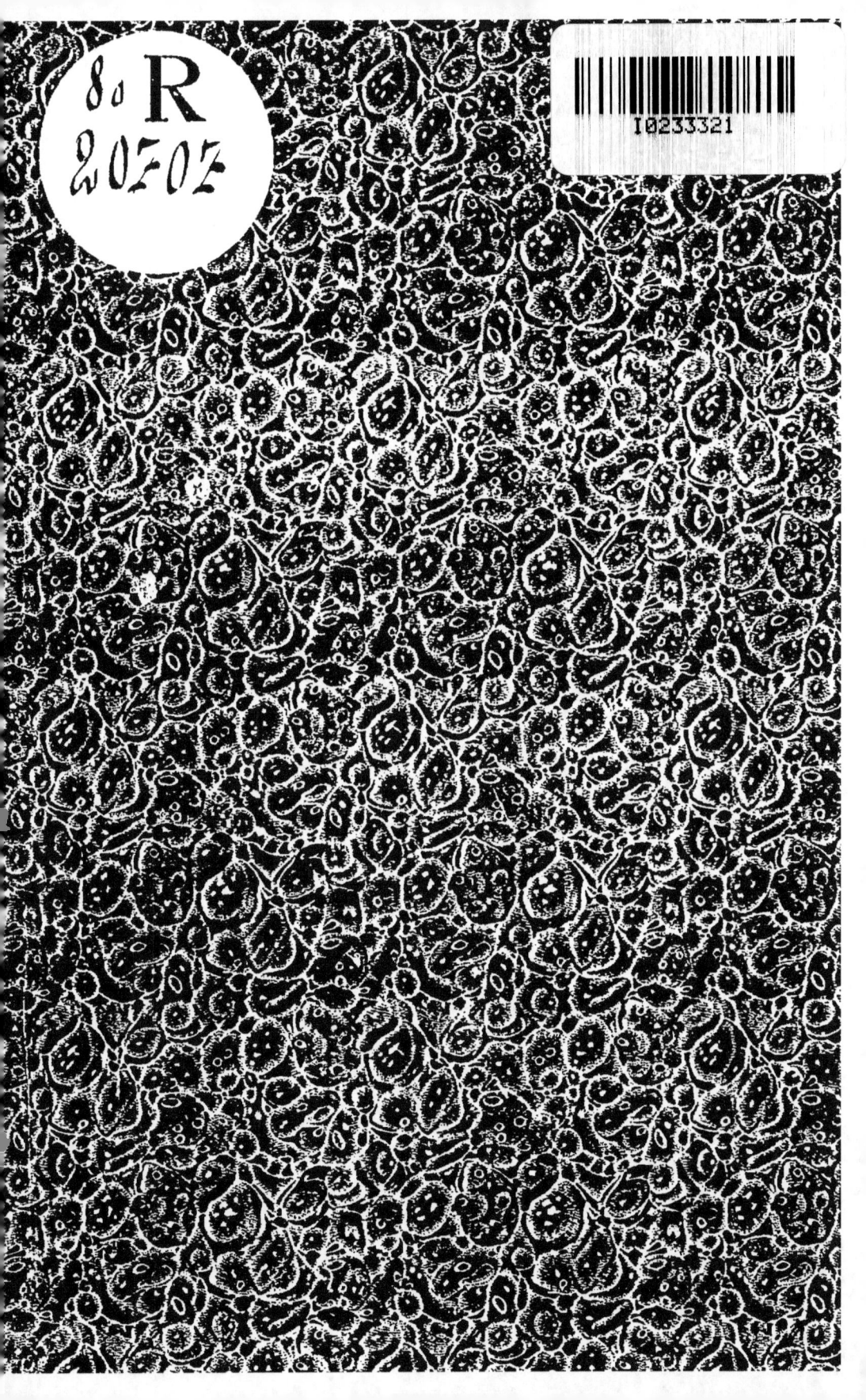

β JOUSSET de BELLESME

Origine
et Formation

Physiologique

DES IDÉES ABSTRAITES & INNÉES

LETTRE

A M. Ernest HAECKEL

Par le Dr JOUSSET de BELLESME, ancien Préparateur
de Cl. Bernard, ex-Professeur de Physiologie à
l'École de Médecine de Nantes.

Schleicher frères & Cie

ORIGINE ET FORMATION

PHYSIOLOGIQUE

DES IDÉES ABSTRAITES & INNÉES

JOUSSET de BELLESME

Origine

et Formation

Physiologique

DES IDÉES ABSTRAITES & INNÉES

LETTRE

A M. Ernest HAECKEL

Par le Dr JOUSSET de BELLESME, ancien Préparateur
de Cl. Bernard, ex-Professeur de Physiologie à
l'École de Médecine de Nantes.

Schleicher frères & Cie

ORIGINE ET FORMATION

PHYSIOLOGIQUES

DES IDÉES ABSTRAITES & INNÉES

LETTRE

à ERNST HÆCKEL

PAR

LE Dr JOUSSET DE BELLESME

Ancien Préparateur de Cl. Bernard
Ex-Professeur de Physiologie à l'École de Médecine de Nantes

CHER ET ILLUSTRE AMI,

En relisant dernièrement le mémoire que vous présentiez au 4ᵉ Congrès international de zoologie, tenu à Cambridge en 1898, travail dans lequel vous exposiez avec votre haute compétence l'état actuel de nos connaissances sur l'origine de l'homme et ses relations de parenté avec les autres primates, je remarquai notamment le passage où vous déploriez que la Physiologie comparée ne fût pas plus cultivée.

Vous regrettiez que cette science n'apportât point un contingent suffisant à la théorie de l'évolution dont vous avez été avec Lamarck, Darwin et Huxley un des plus éminents fondateurs.

Ces paroles ramenèrent ma pensée vers l'époque déjà lointaine où mon maître, Claude Bernard, dans ses entretiens intimes, nous faisait part des mêmes sentiments. Il comprenait, comme vous, la portée que devait avoir une telle science, la lumière qu'elle pouvait projeter dans le domaine de la psychologie, et l'utilité que la biologie en retirerait.

Il avait engagé quelques-uns de ses élèves à diriger leurs recherches de ce côté.

Certes, de grands progrès ont été accomplis depuis ce moment. Les recherches de

Fechner sur la mesure des sensations, les résultats positifs qu'elles ont amené, et les travaux de beaucoup d'autres savants, tant en Angleterre qu'en Allemagne, ont fait faire un pas considérable à la science des fonctions cérébrales, mais à l'époque à laquelle je fais allusion (1863), on n'entrevoyait guère (en France, du moins), l'intérêt qu'il y aurait à tirer de l'observation des animaux et de leur expérimentation, des documents qui pussent être utilisés en vue de la Psychologie humaine.

Les paroles de mon maître furent écoutées principalement par deux de ses élèves qui l'approchaient de plus près, et auquel il livrait volontiers ses pensées intimes.

Armand Moreau et moi furent du petit nombre de ceux qui suivirent ses conseils. Mal nous en prit, d'ailleurs, car, pendant que les autres élèves de Claude Bernard, mieux avisés au point de vue de leurs intérêts matériels, se dirigeaient vers des branches annexes de la Physiologie pourvues de chaires et de laboratoires, Ranvier vers l'Histologie, Bert et Dastre vers la Physiologie générale (?) D'Arsonval vers la Physique, Gréhant vers la Chimie, Balbiani vers l'Embryologie, toutes sciences ayant une existence officielle et cataloguées au budget de l'Instruction Publique, Armand Moreau et moi nous ne trouvâmes d'encouragements nulle part, la Physiologie comparée n'étant pas classée au nombre des sciences.

Nous n'eûmes, en conséquence, ni chaire, ni laboratoire, ni aucun de ces moyens de travail qui sont destinés à susciter les énergies et n'aboutissent quelquefois qu'à les engourdir.

Réduits à nos propres ressources, nous ne nous décourageâmes cependant pas. Moreau entreprit d'intéressantes recherches sur la production des sons chez les Poissons, sur le rôle fonctionnel de leur vessie natatoire, et la mort vint mettre un terme à ses travaux ingénieux.

Pour moi, j'avais tout d'abord tourné mes investigations vers les phénomènes de digestion chez les Insectes, afin de la comparer à la digestion des animaux supérieurs, puis j'étudiai successivement l'action du venin du Scorpion, le mécanisme du vol des Diptéres, la technique de la métamorphose chez la Libellule déprimée, les fonctions du foie chez les Céphalopodes, la phosphorescence chez le Lampyre, et j'arrivais dans ce dernier travail à cette conclusion qui tend à s'affirmer aujourd'hui, que la phosphorescence est une propriété générale du plasma, que toutes les cellules possèdent le pouvoir d'émettre des radiations à un degré plus ou moins grand, et que c'est par suite de différenciations spéciales que certaines cellules, comme celles du Lampyre, des Noctiluques, etc., voient se développer cette propriété à un plus haut degré. J'avais été conduit à cette conclusion par ce principe, si fécond entre les mains de Claude Bernard, que rien de nouveau ne se crée dans un organisme, qu'il ne s'y produit que des exagérations de choses y existant déjà primitivement.

C'est cette méthode qui l'avait mis sur la voie de la découverte de la fonction glycogénique, et elle n'est en somme qu'une application heureuse à la biologie de la loi universelle de la conservation de la matière et de l'énergie, loi qui domine la vie de l'homme et des animaux tout aussi bien qu'elle régit les autres phénomènes naturels.

D'autres travaux suivirent ceux-là.

En France, à cette époque, la zoologie était monopolisée entre les mains d'une tribu de naturalistes obstinément attachés aux théories surannées de Cuvier. Leur esprit était tellement fermé au progrès qu'ils affectaient même de ne pas connaître les travaux considérables dont cette science était l'objet de la part de Darwin, de la part d'Huxley, de la vôtre. Jusqu'à la mort de l'un des plus célèbres (?) d'entre eux, sur-

venue il y a peu d'années, de Lacaze-
Duthiers, les voûtes de la Sorbonne et les
oreilles des jeunes générations ne reten-
tirent jamais du mot *Évolution*.

J'ai suivi pendant bien des années les
cours de la Sorbonne et du Muséum d'His-
toire Naturelle et je n'y ai jamais entendu
prononcer le mot de Transformisme, ni
faire la moindre allusion aux travaux de
Darwin, ni aux théories de la descendance.
Il faut arriver jusqu'en 1887 pour voir ces
théories, qui depuis un demi-siècle révo-
lutionnaient les sciences biologiques dans
le monde entier, s'infiltrer dans l'Université
de France, grâce à l'énergie d'un zoologiste
de haute valeur, Alfred Giard.

A la tête de cette petite armée, qui res-
semblait à l'armée du pape, en ce qu'elle
était le dernier rempart des idées bibliques
sur la création du monde et la fixité de
l'espèce, se trouvaient les deux Milne-
Edwards, dont les volumineuses compila-
tions encombraient notre zoologie. Puis

venaient des lieutenants tels que Emile Blanchard, Deshayes, de Lacaze-Duthiers qui, si l'on s'en rapportait aux affiches étalées avec faste à la porte de la Sorbonne, enseignait à lui seul la zoologie, l'anatomie et la physiologie !

Cette coterie très homogène repoussait systématiquement tout progrès, élevait les jeunes générations dans les idées les plus rétrogrades, et s'entendait pour empêcher de parvenir jusqu'à la jeunesse des écoles la lumière éclatante qui se développait si brillamment au-delà de nos frontières, isolant ainsi la France du grand mouvement qui transformait la Biologie, et l'empêchant d'y prendre part.

L'illustre Lamarck était un hérétique à leurs yeux, et prononcer le nom de Darwin était dangereux pour tout candidat à une chaire quelconque.

Lorsque ce savant, illustré par quarante années d'admirables travaux qui fixaient sur lui les regards du monde entier, presque inconnu en France, et plutôt ridiculisé, se présenta à l'Académie des Sciences, briguant le titre de Membre Correspondant, il trouva devant lui, pour lui en fermer les portes, un des séides de Milne-Edwards, Emile Blanchard, lequel déclara publiquement dans cette assemblée n'avoir jamais réussi, lui, Blanchard, à modifier la couleur de l'aile d'un papillon. En conséquence, il rejetait la théorie du transformisme. L'Académie des Sciences opina du bonnet et Darwin récolta tout juste deux voix.

Les zoologistes de cette école se refusèrent toujours à admettre que la Physiologie comparée eût droit de cité parmi les sciences. Ils étaient même convaincus que la Physiologie, d'une manière générale, ne saurait être une science distincte de la Zoologie, et ils professaient cette opinion que le physiologiste n'a pas de raison d'être, qu'un zoologiste est forcément à la fois un anatomiste et un physiologiste.

De telles prétentions pouvaient être sou-

tenues à l'époque de Réaumur, où la Physiologie se bornait en effet à la simple
observation des faits, mais depuis qu'elle
est entrée sur les traces de Magendie et de
Claude Bernard dans la voie féconde de
l'expérimentation, c'est fermer ses yeux à
l'évidence que de soutenir une pareille
thèse. La Physiologie est devenue depuis
un demi-siècle une science complète et
complexe, empruntant ses moyens d'inves-
tigation aux autres sciences, ayant ses méthodes, sa technique, et il est presque
impossible à un zoologiste, déjà fort
occupé de la taxonomie, d'aborder avec
succès des problèmes délicats qui ne peuvent être résolus qu'à l'aide d'appareils
dont le maniement demande à la fois une
grande expérience et des connaissances
tout à fait spéciales. Enfin, le développement des qualités d'observation que cause
l'étude des sciences zoologiques, n'est pas
favorable au développement du sens de

l'expérimentation, lequel comporte des qualités de l'esprit très différentes.

Il ne fallait pas songer à faire revenir les zoologistes de leur obstination ; aussi la Physiologie comparée et ses adeptes furent soigneusement exclus du cénacle où régnaient en despotes absolus les Milne-Edwards. Claude Bernard avait réclamé la création d'une chaire spéciale pour cette science. Ses sollicitations se heurtèrent à la force d'inertie. Il mourut, et avec lui s'éteignit l'influence que sa haute autorité exerçait sur les pouvoirs publics.

Tels sont les motifs pour lesquels la Physiologie comparée fut délaissée en France, où aucun moyen de développement ne lui était assuré.

Après avoir lutté pendant plusieurs années dans l'isolement, engagé par quelques membres du Conseil municipal de Paris à m'occuper de Pisciculture, voyant dans cette science une application de la Physiologie comparée, et désireux de rendre ser-

vice à mon pays dont les cours d'eau
étaient dans le plus triste état de dépeuple-
ment, je cédai à leurs instances, j'aban-
donnai mes travaux commencés, et j'en-
trepris avec les moyens insuffisants que la
Ville de Paris avait mis à ma disposition le
repeuplement des cours d'eau de la France.

J'ai consacré à cette tâche ingrate dix-
huit années de ma vie. Courbé sous un
labeur incessant j'ai suscité dans tout le
pays les énergies privées, créé des Sociétés
de Pêche et de repeuplement, organisé de
nombreux laboratoires, réuni des Congrès,
fait un examen critique des méthodes
employées jusqu'à ce jour et diffusé les
meilleures, acclimaté dans les eaux de
France des espèces nouvelles, établi l'éle-
vage du poisson sur des bases physiologiques, fait des recherches sur le développement des appareils reproducteurs des
Salmonides, réalisé après dix ans d'efforts,
l'expérience intéressante de la reproduc-
tion en eau douce du Salmo Salar, sans

l'influence du séjour à la mer, distribué des conseils et des renseignements à des milliers de personnes, tant en France qu'à l'étranger.

Cette œuvre considérable a été accomplie à l'aide du minime budget de huit mille francs que la Ville de Paris mettait à ma disposition pour l'entretien de son aquarium, budget sur lequel aucune somme n'était réservée comme appointements pour le Directeur. Les services que j'ai rendus à la Ville et à mon pays comme Directeur de l'Aquarium du Trocadéro étaient donc parfaitement désintéressés.

L'arrivée au Conseil municipal en 1899 d'une majorité de réactionnaires cléricaux, dits nationalistes, est venue mettre fin à ce mouvement de Pisciculture, alors en plein épanouissement. L'enseignement de Pisciculture, le seul qui existât en France, fut supprimé; le lien qui unissait toutes les Sociétés de Pêche rompu; le repeuplement des cours d'eau, où d'excellents résultats

s'étaient fait voir, enrayé par la désorgani-
sation de l'Aquarium.

En guise de rémunération et de récompense pour mes longs travaux, pour les
nombreux services que j'avais rendus, pour
l'illustration que j'avais donnée à l'Aquarium de la Ville de Paris, je fus dépossédé
de ma chaire, publiquement couvert d'in-
jures et de calomnies par les nationalistes,
et accusé de malversations, ce qui était
d'autant plus odieux que non seulement
j'avais donné pendant près de vingt années
mon temps, mes soins, mon savoir à la
Ville de Paris sans avoir reçu d'elle pour
la Direction de l'Aquarium ni traitement,
ni la moindre récompense, mais encore
j'avais dépensé dans ces travaux de repeuplement une partie de ma fortune person-
nelle.

Tel est, 'mon cher ami, le sort auquel
peuvent être exposés en France les hommes
qui dédaigneux des coteries et des intrigues
se vouent au culte désintéressé des Scien-

ces, et consacrent leur vie et leurs efforts aux intérêts généraux de leur pays.

Mais ce n'est pas là le but de ma lettre, et si je me suis laissé entraîner à cette digression, c'est pour vous montrer que si la Physiologie comparée, à laquelle vous reprochiez à juste titre de ne pas fournir plus de matériaux à la théorie de l'évolution, n'a pas progressé chez nous autant que cela eut été désirable, la faute n'en a été, parmi les disciples de Claude Bernard, ni à Armand Moreau ni à moi.

Bien que détourné aussi longtemps de mes études primitives par des travaux incessants, je n'ai cependant jamais perdu de vue la Physiologie qui fit l'objet de mes premières recherches, et dans mes rares moments de loisir, il m'est arrivé souvent de méditer sur les sujets abstraits de la Psychologie, lisant avec grande attention vos ouvrages, partageant vos sentiments, admirant la justesse et la profondeur de vos vues,

Vos idées sur la nature des fonctions de l'encéphale m'avaient toujours inspiré le désir de rechercher s'il n'était pas possible de rencontrer dans les facultés psychiques les plus élevées des traces évidentes de matérialisation qui permissent de les rattacher avec certitude aux lois naturelles qui régissent la biologie, et de donner ainsi au monisme un nouvel appui.

On ne saurait se refuser aujourd'hui à admettre que les idées qui meublent notre intellect ne soient le résultat d'impressions sensorielles, et le célèbre adage : « *Nihil est in intellectu quod non prius fuerit in sensu,* » a fini par remporter une victoire définitive sur les autres systèmes philosophiques, relativement à l'origine de nos idées.

Les Grecs, nos précurseurs en tant de choses, avaient eu la prescience de cette vérité en se servant du mot Idée, lequel vient de *Eidô*, je vois, parce que la vue est, en effet, celui de nos sens qui nous apporte les notions les mieux délimitées sur les choses du dehors.

Lorsque, par suite d'une évolution naturelle le développement progressif de l'encéphale amena un accroissement correspondant de nos facultés psychiques, la somme des idées acquises s'accrut aussi et forma un bagage intellectuel plus lourd. On remarqua alors, en faisant le dénombrement de nos notions, qu'il y en avait un certain nombre qui n'avaient qu'un rapport éloigné avec les idées provenant des sens.

On leur appliqua le mot d'*idées abstraites*, terme heureusement choisi, car il indique qu'elles sont tirées par abstraction des idées sensorielles. Mais comment, par quel mécanisme? Voilà ce qu'on ne s'expliquait pas.

Plus tard encore, le développement organique continuant à s'accentuer, on vit surgir un certain nombre d'idées qu'il était impossible, au premier abord de classer dans la catégorie des idées abstraites parce

qu'elles n'avaient plus aucun rapport avec
les impressions fournies par les sens. On
les désigna alors sous le nom d'*idées
innées*, pensant que nous les apportions
en nous-mêmes en venant au monde et
qu'elles formaient partie intégrante de ce
principe immatériel que l'on supposait
juxtaposé au corps, sous le nom d'âme,
principe imaginé par les philosophes de
l'antiquité sous le nom symbolique de
Psyché.

Il paraît évident que le point de départ
de cette théorie des idées innées fut préci-
sément la difficulté où l'on fut de se rendre
compte de la présence dans notre esprit
de notions qui, évidemment, n'y ont pu
avoir accès par les sens, puisqu'elles ne
tombent sous aucun d'entre eux. Telles
sont les idées d'éternité, d'infini, de divi-
nité, etc., lesquelles n'ont jamais pu avoir
de représentation sensorielle.

Ne concevant pas comment nous avions
pu recevoir ces idées du dehors, les philo-

phes en ont conclu qu'elles préexistaient
dans notre esprit, et c'est là le point de
départ et le plus solide fondement du dua-
lisme, c'est à dire de la théorie d'après
laquelle il y aurait chez l'homme un principe immatériel distinct des facultés cérébrales, principe auquel ils ont donné le
nom d'âme et qui contiendrait en lui-même,
en germe, la notion des choses intangibles
et immatérielles.

Assurément il se présentait dans cette
région du domaine psychologique une difficulté sérieuse, car, si, réellement, comme
tout tend à le démontrer, l'âme et la pensée
ne sont qu'une seule et même chose, c'est
à dire un résultat des fonctions cérébrales,
on éprouve quelque peine à comprendre
par quel mécanisme nous pouvons acquérir
des connaissances qui ne nous sont pas
venues par l'entremise de ces fenêtres de
l'esprit ouvertes sur le dehors, que l'on
nomme les sens.

Les progrès accomplis dans les sciences

nous permettent, je crois, de jeter quelque clarté dans ces régions ténébreuses et de tenter, dès à présent, une explication rationnelle de la manière dont se forment dans notre intellect les idées soi-disant innées.

Il faut tout d'abord nous reporter au mode de fonctionnement de la substance cérébrale et à ses propriétés essentielles.

Le travail du muscle se transforme en mouvement et le travail du cerveau engendre la pensée, avez-vous dit avec justesse.

Il existe entre ces deux organes des différences de structure qui entraînent forcément dans le travail produit une diversité de fonctions, laquelle s'explique tout naturellement. De même qu'une locomotive produit du mouvement et qu'un flambeau produit de la lumière, de même chaque disposition organique donne naissance par son fonctionnement à une force qui lui est spéciale et qui correspond exactement à son organisation. Si le muscle était organisé comme le cerveau, il engendrerait tout aussi bien que celui-ci de la pensée, et si les cellules corticales étaient histologiquement agencées comme celles du muscle, le cerveau produirait du mouvement. Personne ne conteste plus ces vérités auxquelles les connaissances histologiques et physiologiques acquises de nos jours, ont donné une base solide.

Nos connaissances sur la structure de l'encéphale ont fait un pas considérable grâce à une longue suite de travaux, depuis les célèbres coupes de cerveau et de moëlle que Rodanowski exhiba en 1864, jusqu'aux plus récents ouvrages. Elle est aujourd'hui connue, au moins dans ses grandes lignes. Il est vrai que l'histologie a reçu un concours précieux de la part des physiologistes expérimentateurs et aussi des pathologistes.

C'est grâce à leurs travaux, et à ses propres recherches, que Flechsig a pu déterminer d'une manière très satisfaisante les différents territoires de la masse cérébrale et nous donner des notions exactes sur la localisation de nos sensations et de nos idées.

Si la connaissance de la structure et de l'agencement du cerveau a ainsi progressé, il n'en est pas de même de la nature de l'influx qui en dérive. Les diverses théories émises à ce sujet ne donnent qu'une lumière assez confuse sur ces questions que nous voudrions claires, parce qu'elles sont d'une importance primordiale.

Il faut remonter aux travaux de Volta et de Galvani pour voir apparaître en physiologie la première théorie sérieuse relative à la nature de la force produite par les centres nerveux. Les diverses théories précédemment émises par les métaphysiciens sur ces questions, ne sont que de pures divagations de l'esprit, ne reposant sur aucun fondement.

Ces deux physiciens osèrent les premiers affirmer que le principe des fonctions cérébrales était analogue à celui du fluide qui faisait l'objet de leurs études, à l'électricité.

La découverte de l'électricité dynamique et de son mode de propagation dans les conducteurs métalliques fit assimiler tout d'abord les fonctions de l'encéphale à celles d'une pile voltaïque produisant un influx particulier, influx transmis par les nerfs suivant les deux directions centripète et centrifuge.

Sous l'influence de cette assimilation, en grande partie hypothètique, on donna à l'émanation des cellules cérébrales le nom de fluide nerveux, expression empruntée par analogie aux phénomènes électriques dont l'essence, mal connue encore, était désigné sous le nom vague et peu compromettant de fluide électrique.

Cette assimilation entre ces deux fluides parut d'abord satisfaisante, mais lorsque l'étude du prétendu fluide fut plus avancée, et, notamment, lorsqu'on fut parvenu par des expériences délicates à en mesurer la vitesse, la comparaison établie entre le fluide nerveux et le fluide électrique fut jugée peu exacte par les physiologistes. En effet la vitesse de transmission de ce dernier est extrêmement considérable tandis que la propagation de l'émanation cérébrale mesurée à plusieurs reprises ne fut pas trouvée supérieure à soixante-six mètres par seconde. La différence était donc énorme.

De plus, l'expression de fluide électrique fut bientôt abandonnée, lorsqu'on se fut rendu compte que l'électricité n'a rien de commun avec les fluides, et qu'elle n'est autre chose que la mise en mouvement vibratoire d'un substratum encore indécis que les uns regardent comme étant l'éther, et d'autres la matière atomique elle-même.

La théorie électrique du fluide nerveux émise par Galvani, et adoptée par les physiologistes de son époque, parut donc peu compatible avec les nouveaux faits et, sans être positivement remplacée par une autre plus satisfaisante, tomba dans un discrédit qu'elle ne méritait peut-être pas entièrement.

Sans doute les dissemblances sont grandes entre l'influx nerveux et l'influx électrique, mais il ne faut pas oublier que les conditions de production et de transmission de ces deux forces sont elles-mêmes essentiellement différentes, et il ne doit pas paraître surprenant qu'une force prenant naissance dans des organes tels que les cellules cérébrales n'ait pas exactement le même caractère ni les mêmes propriétés qu'une force qui émane d'une pile de Bunsen.

Il est difficile cependant de douter qu'il n'y ait certaines analogies entre ces deux ordres de phénomènes et qu'il ne s'agisse, dans un cas comme dans l'autre, de vibrations moléculaires produites d'une part par la pile, d'autre part par la cellule nerveuse et transmises tantôt par des conducteurs métalliques, tantôt par les nerfs; mais on voit de suite la différence énorme de structure qui sépare ces deux séries d'organes producteurs et conducteurs du courant.

Est-il vraisemblable que le cylinder axis se comporte comme les molécules métalliques du cuivre ? Cette tige de transmission n'est pas un corps solide, tout au moins à la manière d'un métal, elle se rapproche plutôt des substances colloïdes ; or la transmission des ondes électriques dans ces matières et dans les gaz est encore assez mal connue.

On sait, cependant par les recherches de Brillouin que la vitesse d'un courant peut être modifiée dans de grandes proportions par la nature du conducteur. C'est ainsi qu'une ficelle peu tendue, un fil métallique très-fin et non tendu, peuvent transmettre les vibrations aussi lentement que l'on voudra ; une ficelle humectée d'huile transmettra une variation de potentiel électrique à raison d'un mètre par seconde ou même plus lentement encore.

Si les physiciens ont observé de grandes

différences dans la vitesse de transmission
de l'électricité à travers des conducteurs
inanimés, les physiologistes ont pu montrer aussi, de leur côté, qu'il existe des différences de vitesse dans la transmission du
courant nerveux. D'après Chauveau, la
vitesse de propagation des excitations nerveuses serait de vingt-et-un mètres par
seconde chez la grenouille, de soixante-
cinq mètres, chez le cheval, et elle s'ac-
croît jusqu'à soixante-quinze mètres chez
les animaux très vigoureux, pour descendre
à quarante mètres chez les animaux débiles.
D'après Frédéric, cette vitesse serait de
six mètres par seconde chez le homard à
une température de 12° et de douze mètres
à la température de 20°. Les différences de
vitesse de propagation ne seraient donc
pas un motif suffisant pour rejeter l'assimilation de l'influx nerveux avec l'influx
électrique.

Les recherches récentes sur la constitu-
tion du cylinder axis paraissent montrer

aussi que l'ondulation nerveuse s'y propage
par la communication momentanée d'une
série de particules qui, à l'état de repos,
ne sont pas en relation de contact immédiat
les unes avec les autres. Ce n'est nullement
là la manière dont on se représente actuellement la propagation du courant électrique
dans un conducteur métallique dans lequel
les atomes éprouvent un mouvement gira-
toire sur leurs pôles, mouvement qui en
raison de la vitesse énorme dont ils sont
animés rend très bien compte de la rapidité de propagation de l'onde électrique.

Ce sont là certainement des différences
notables, mais à côté d'elles nous trouvons
d'évidentes marques de parenté dans les
phénomènes généraux que nous offrent
l'électricité, le magnétisme, la lumière,
marques qui se retrouvent également dans
la pensée.

Un phénomène surtout très caractéristique, propre aux trois premières de ces

forces, se trouve aussi dans la quatrième :
c'est le phénomène de la polarisation.

L'électricité et le magnétisme, paraissent
consister en des oscillations vibratoires des
molécules qui déterminent une position
anormale des pôles, d'où résulte un état
particulier de défaut d'équilibre. Il y a
alors tendance au rétablissement de l'équilibre, de même qu'un ressort bandé a de la
propension à se détendre. Cet état de tension est ce que l'on désigne sous le nom de
polarisation. Il ne saurait apparaître une
tension positive qu'il ne se montre aussitôt
une tension en sens inverse, c'est à dire
négative.

Or lorsqu'on examine attentivement nos
facultés intellectuelles on y retrouve également ce fait si caractéristique.

Il y a plus : on sait, par les recherches
de Matteucci sur la Torpille, que certaines
cellules peuvent produire une électricité
capable de charger un condensateur, au
même titre qu'une machine électrique, et,

pourtant l'électricité provenant de cette source ne paraît pas avoir une vitesse de propagation analogue à celle du courant voltaïque. Dans ce cas encore il est fort probable que la différence de vitesse tient à la nature des conducteurs. Si l'on pouvait faire passer le courant qui parcourt un nerf dans un conducteur métallique mis directement en communication avec le cylinder axis et mesurer ensuite la vitesse du courant dans ce conducteur, la question serait résolue. Cette expérience plus facile à réaliser avec le courant de la torpille qu'avec le courant nerveux des mammifères serait encore très instructive. Les essais que j'ai faits sur la torpille, dans la Méditerranée n'ont pu être menés à bonne fin faute d'outillage suffisant, malgré le concours et la collaboration de mon regretté ami, le professeur Lespès.

Remarquons à ce sujet que les cellules de l'appareil électrique de la torpille n'ont qu'une analogie très éloignée avec les

cellules cérébrales. Bien que construites
sur le même plan, elles en diffèrent nota-
blement, et il n'est pas surprenant que la
fonction qui en émane soit également très
différente. Ces cellules de la torpille cons-
tituent des accumulateurs qui restent sous
tension jusqu'à ce que la volonté de l'ani-
mal, ou toute autre circonstance accessoire,
vienne rompre cette tension et provoquer
la décharge.

Dans le cerveau, c'est aussi la volonté ou
une circonstance accessoire qui détermine
la décharge de la pensée, mais, tandis que
dans l'organe électrique de la torpille, la
décharge est totale, dans l'appareil céré-
bral, au contraire, elle est limitée à un
groupe de cellules, et elle s'effectue avec
lenteur. C'est pourquoi nous pouvons con-
server notre attention fixée sur la même
idée pendant quelque temps, mais non pas
indéfiniment, car bientôt la fatigue indique
et accuse l'épuisement de l'énergie contenue

en réserve dans le groupe de cellules en action.

D'autre part, il se pourrait que la durée assez prolongée de la décharge soit due à l'entretien de l'énergie au moyen de communications avec d'autres centres cellulaires qui viendraient entretenir à leurs dépens l'état de tension nécessaire en l'empêchant de décroître trop rapidement. Cette hypothèse expliquerait pourquoi nous ne pouvons pas penser à deux choses simultanément, les centres cellulaires voisins étant à ce moment dans un état de sous-tension qui ne leur permet pas d'avoir l'énergie nécessaire pour entrer en action tant qu'ils continuent à écouler leur influx vers le groupe agissant actuellement. En somme, le fonctionnement normal de la pensée paraît consister en une série de décharges se produisant sur une foule de points du cerveau et venant aboutir à un groupe dans lequel a lieu l'écoulement de l'influx. Au moment où la décharge a lieu (où une pensée se produit), il y a impossibilité de production d'une autre pensée.

L'état de tension paraît se rétablir très vite, car nous pouvons reprendre la même idée après un court repos, ou penser successivement avec rapidité à des choses différentes. Toutefois il est facile de remarquer que si nous venons à répéter un certain nombre de fois la même idée, le déclanchement est plus long à se produire que lorsqu'on procède à l'appel d'une idée différente. Plus la même pensée se répète, plus aussi sa production devient lente et pénible. La répétition fréquente de cet acte amène même, plus ou moins rapidement, suivant les organisations, une gêne très marquée connue sous le nom d'obsession, laquelle trahit une sensation très nette d'épuisement.

Or la fatigue due à l'obsession ne se produit pas lorsqu'une série d'idées différentes se présentent successivement à l'esprit, qui peut, dans ce cas, travailler presque indéfiniment sans fatigue.

Dans le même ordre d'idées, l'aliénation mentale paraît être caractérisée par la décharge involontaire d'un groupe spécial de cellules ou par l'impossibilité de produire la décharge d'un certain groupe sans provoquer fatalement la décharge involontaire d'un autre groupe.

Nous retrouvons dans le fonctionnement des cellules nerveuses comme dans celui des appareils électriques, deux temps, celui du chargement et celui de la détente. Le chargement exige une certaine durée et il fournit une série de détentes tant que la force accumulée n'est pas épuisée. De là la nécessité du sommeil, temps de repos général pour la plupart des organes, mais temps de travail latent pour les cellules de l'encéphale qui, pendant le sommeil, condensent l'énergie qui sera utilisée à l'état de veille.

Une intéressante question restée dans

l'ombre jusqu'à présent paraît s'éclaircir par de récentes recherches sur les radiations. Le cylinder axis est-il isolé dans sa gaine de myéline assez complètement pour que l'influx nerveux partant de la cellule, ou de l'organe récepteur, aille directement à son but sans déperdition aucune, ou bien la myéline n'est-elle qu'un isolant relatif. Les travaux de Charpentier et de Blondlot paraissent démontrer que lorsqu'un influx nerveux traverse un nerf, il existe autour de ce nerf une émission de radiations qu'on peut démontrer au moyen d'écrans phosphorescents. L'isolement du cylinder axis ne serait donc pas absolu.

Dans ce fait encore nous rencontrons une analogie entre l'influx nerveux et l'électricité puisqu'on sait que lorsqu'un courant traverse un conducteur métallique il se fait dans le trajet une certaine déperdition. Enfin, un phénomène remarquable auquel les physiologistes et les psychologues n'ont pas attaché une importance suffisante (je ne sais même s'ils l'ont signalé), c'est le système de polarisation très net qui existe dans les opérations psychiques et qui rattache avec évidence les fonctions cérébrales les plus immatérielles en apparence, aux fonctions électro-magnétiques.

D'Arsonval a montré que les variations de tension superficielle que l'on observe dans le muscle sont accompagnées d'électricité et que dans ce cas, il existe une polarisation entre le muscle et le nerf, c'est ce que l'on a appelé l'oscillation négative du muscle et du nerf. Il a appelé aussi l'attention sur ce fait bien intéressant que le plasma des cellules se comporte comme le zinc d'une pile électrique et qu'il est négatif par rapport au milieu où il fonctionne. Cette négativité serait en rapport avec l'énergie du fonctionnement : elle diminue sous l'influence du froid et est accrue par la chaleur.

Tout ceci nous ramène à la formation des idées dans laquelle intervient pour une large part le phénomène de polarisation.

Nous avons vu plus haut que ce phénomène physique a été observé dès les premiers travaux sur l'électricité. C'est lui qui
a attiré tout d'abord l'attention des expérimentateurs et leur a servi de fil conducteur
dans leur recherches.

Nous avons aussi exposé en quoi con-
siste la polarisation.

Dès que l'équilibre est rompu sur un
point, dans le milieu électrique au sein
duquel nous vivons, aussitôt que l'on voit
apparaître une tension positive, il se mani-
feste en même temps une tension négative
correspondante inévitable. Cette tension
négative peut ne pas se révéler par des
signes sensibles, elle n'en existe pas moins,
et le physicien peut la mettre en évidence
par des moyens variés et appropriés.

Or, ce dédoublement qui s'opère dans
l'agencement des ondes électriques norma-
les s'observe aussi avec non moins de netteté et de constance dans les opérations
intellectuelles.

Aussitôt qu'une impression sensorielle s'est transformée dans nos cellules cérébrales en idée, nous voyons apparaître inévitablement la notion de l'idée contraire, et elles présentent l'une et l'autre, ce caractère différentiel que l'idée venue par les sens est nette tandis que sa complémentaire, l'idée polarisée, est plutôt confuse et dépourvue de précision.

C'est cette catégorie d'idées, produites ainsi par polarisation cérébrale qui constitue le groupe des idées abstraites et innées.

Il peut se faire que la formation de l'idée polarisée reste à l'état inconscient et que nous n'ayons pas le sentiment de son existence. Mais, si nous y faisons attention, nous nous assurons qu'elle se produit inévitablement, tout comme la tension négative accompagne inévitablement la tension positive.

D'ailleurs dans quelques langues, et en particulier dans la langue grecque, il existe un signe linguistique qui trahit l'existence des idées polarisées, et correspond à leur formation: c'est l'*a* privatif. A quelle époque remonte l'emploi de ce signe très caractéristique, les philologues pourraient peut-être le dire avec précision ; en tout cas il dénote une intuition remarquable des phénomènes psychiques intimes. Je ne serais pas étonné que l'*a* privatif n'eût fait son apparition dans la langue grecque qu'à l'époque où le développement de l'esprit philosophique fut porté à son plus haut degré de perfectionnement. N'ayant pas les notions scientifiques que nous possédons aujourd'hui sur la polarisation, les hommes ingénieux qui imaginèrent ce signe obéirent au sentiment pour ainsi dire instinctif qui leur fit découvrir souvent, par le seul moyen des vues de l'esprit, des notions que la science a reprises et confirmées par la suite, comme la théorie des atomes entrevue par ces penseurs géniaux.

L'*a* privatif, cette minime particule, occupe dans notre pensée et dans les lan-

gues humaines une place considérable.
Elle correspond à la notion : *d'absence de.*

Si, par exemple nous voyons une lumière,
immédiatement nous concevons la notion
d'absence de lumière, d'obscurité, chose
qui évidemment ne tombe sous aucun sens,
c'est l'idée abstraite correspondant à l'idée
de lumière, etc.

Dans les langues dépourvues d'*a* privatif,
l'idée polarisée se fait jour au moyen d'un
autre terme créé tout exprès. Cette manière
de faire est inférieure à l'emploi de l'*a*
privatif, parce que, dans ce dernier cas,
beaucoup d'idées restent sans notation
spéciale tandis que dans la langue grecque
elles en possèdent toutes. C'est même là
une des causes de sa richesse.

Cette formation d'idées abstraites correspondant chacune à une idée sensorielle
est générale et constante, et ce qui le démon-
tre bien c'est que nous ne possédons aucune
idée abstraite qui ne trouve son double
dans une idée produite par les sens. Dans

certains cas on remarque que des idées abstraites peuvent jouer le rôle d'idées sensorielles et paraissent se polariser elles-mêmes pour donner lieu à une autre série d'idées abstraites qui, naturellement offrent encore moins de netteté et de délimitation que l'idée qui leur a donné naissance.

C'est ce petit groupe d'idées produites ainsi par double polarisation auquel on a attribué le nom d'idées innées. Elles n'ont plus alors rien qui les rattache, du moins en apparence, aux notions matérielles.

Quelques sciences, comme la métaphysique, reposent sur cette bipolarisation, aussi ces sciences présentent-elles l'aspect de la plus absolue confusion, et l'on peut dire que notre intellect perd pied aussitôt qu'il sort du domaine de la polarisation simple, et qu'il s'aventure sur le terrain mouvant des doubles polarisations, car, alors, dans le raisonnement, tout devient illusion, les prémisses comme les conclusions.

Telle nous paraît être l'origine et le

mécanisme de formation des idées innées,
dérivant, comme on le voit, des idées
abstraites par un phénomène physique très
net.

Les idées sensorielles produisent par un
phénomène de polarisation les idées abstraites, et ces dernières, en se polarisant à
leur tour, donnent naissance aux idées
innées.

Mesurons-nous un objet, il se forme dans
notre esprit, en même temps, consciem-
ment ou inconsciemment, l'idée d'une
chose qui n'a pas de longueur, de l'atome.
Cette idée n'ayant pas d'existence sensorielle, sa figuration dans l'esprit ne saurait
avoir lieu avec netteté, elle reste à l'état
d'idée confuse. C'est là une idée abstraite ;
mais cette idée abstraite paraît susceptible
de se polariser à son tour et de donner lieu
à une nouvelle idée, complémentaire, celle
d'une chose sans limites, autrement dit la
notion de l'infini, laquelle alors rentre
dans la catégorie des idées innées parce

que, comme je l'ai expliqué précédemment, les philosophes qui ne concevaient pas comment l'idée d'infini pouvait se trouver dans l'esprit humain, puisqu'ils n'avaient pas remarqué ces faits de polarisation, en avaient conclu qu'elle préexistait dans notre esprit.

Actuellement le cerveau humain ne va pas plus loin; l'idée d'infini ne se polarise pas.

Constatons-nous une succession de mouvements que notre œil enregistre, nous avons inévitablement en nous la notion d'absence de mouvement, ce qui est une idée abstraite. De cette notion dérive ensuite par une nouvelle polarisation l'idée d'un mouvement illimité, c'est-à-dire la notion d'éternité, notion tout aussi confuse que celle d'infini; c'est l'idée innée.

Cette dernière, pas plus que celle d'infini, ne se polarise pour donner naissance à un troisième terme.

Constatons-nous l'existence d'un corps

organisé, la notion de non organisation, de néant, surgit aussitôt, c'est l'idée abstraite. Elle se polarise et donne naissance à la conception fort vague d'immortalité.

En somme un très petit nombre d'idées arrive à ce troisième degré.

La théorie de formation des idées innées que je viens de développer a le grand avantage d'expliquer d'une manière rationnelle la présence dans notre intellect de notions dépourvues de tout caractère sensoriel. On peut déduire de ces observations que les idées abstraites et innées n'existent pas primitivement ni réellement dans notre esprit mais qu'elles se forment dans les cellules cérébrales par un mécanisme physique tout à fait comparable aux polarisations qu'on observe dans les phénomènes électriques magnétiques et lumineux; la nécessité d'invoquer, pour les expliquer l'existence d'un principe spécial immatériel n'existe donc pas.

Le terme d'idées innées adopté pour

cette catégorie d'idées est donc absolument inexact. Il ne saurait y avoir d'idées en dehors de ce que nous fournit le milieu dans lequel nous vivons, et le cerveau de l'enfant qui vient de naître est une page blanche sur laquelle le monde extérieur trace une écriture que nos cellules nerveuses transforment en mystérieux caractères.

Pour nous résumer, les idées nées directement des impressions venues du dehors au moyen des sens déterminent dans les centres nerveux par un phénomène de polarisation analogue aux polarisations électriques, magnétiques et lumineuses la production d'idées négatives qui sont les idées abstraites.

Ces dernières, à leur tour, dans certains cas se comportent à la manière des idées sensorielles et en se polarisant peuvent donner naissance à d'autres idées encore plus abstraites qui sont ce que les philosophes ont appelé des idées innées.

Il est possible que par la suite des temps

et grâce à une évolution plus avancée du cerveau humain, l'homme arrive à produire une troisième polarisation. Alors nous posséderons une série d'autres idées dont, dans notre état actuel, nous ne pouvons avoir aucune notion.

Tel est, mon cher ami, la plus satisfaisante explication que l'on puisse donner, je crois, de la présence dans notre esprit des idées innées.

Je me flatte de penser qu'elle sera d'accord avec votre manière de voir à ce sujet, et cet accord sera pour moi la confirmation la plus précieuse de la justesse des vues que je viens de vous exposer.

JOUSSET DE BELLESME.

1ᵉʳ Mars 1905.

Château de St-Jean, à Nogent-le-Rotrou (Eure-et-Loir) France

Nogent-le-Rotrou. — Imprimerie et Librairie Renoult-Weingand

Tirage à 5 0 0 exemplaires

format in-8° écu

A. Renault-Weingand